武王灭商

◎ 主编 金开诚

◎ 编著 李玉敏

吉林文史出版社

吉林出版集团有限责任公司

图书在版编目（CIP）数据

武王灭商 / 李玉敏编著 . 一长春：吉林出版集团
有限责任公司：吉林文史出版社，2010.11（2022.1 重印）
ISBN 978-7-5463-3966-5

Ⅰ.①武… Ⅱ.①李… Ⅲ.①中国 – 古代史 – 商周时
代 – 通俗读物 Ⅳ.① K221.04-49

中国版本图书馆 CIP 数据核字（2010）第 205552 号

武王灭商

WUWANG MIESHANG

主编/ 金开诚 编著/李玉敏

项目负责/崔博华 责任编辑/崔博华 钟 杉

责任校对/钟 杉 装帧设计/柳甬泽 王 惠

出版发行/吉林文史出版社 吉林出版集团有限责任公司

地址/长春市人民大街4646号 邮编/130021

电话/0431-86037503 传真/0431-86037589

印刷 / 三河市金兆印刷装订有限公司

版次 /2010 年 11 月第 1 版 2022 年 1 月第 5 次印刷

开本/ 650mm×960mm 1/16

印张/9 字数/ 30千

书号/ ISBN 978-7-5463-3966-5

定价/ 34.80元

关于《中国文化知识读本》

　　文化是一种社会现象，是人类物质文明和精神文明有机融合的产物；同时又是一种历史现象，是社会的历史沉积。当今世界，随着经济全球化进程的加快，人们也越来越重视本民族的文化。我们只有加强对本民族文化的继承和创新，才能更好地弘扬民族精神，增强民族凝聚力。历史经验告诉我们，任何一个民族要想屹立于世界民族之林，必须具有自尊、自信、自强的民族意识。文化是维系一个民族生存和发展的强大动力。一个民族的存在依赖文化，文化的解体就是一个民族的消亡。

　　随着我国综合国力的日益强大，广大民众对重塑民族自尊心和自豪感的愿望日益迫切。作为民族大家庭中的一员，将源远流长、博大精深的中国文化继承并传播给广大群众，特别是青年一代，是我们出版人义不容辞的责任。

　　《中国文化知识读本》是由吉林出版集团有限责任公司和吉林文史出版社组织国内知名专家学者编写的一套旨在传播中华五千年优秀传统文化，提高全民文化修养的大型知识读本。该书在深入挖掘和整理中华优秀传统文化成果的同时，结合社会发展，注入了时代精神。书中优美生动的文字、简明通俗的语言、图文并茂的形式，把中国文化中的物态文化、制度文化、行为文化、精神文化等知识要点全面展示给读者。点点滴滴的文化知识仿佛繁星，组成了灿烂辉煌的中国文化的天穹。

　　希望本书能为弘扬中华五千年优秀传统文化、增强各民族团结、构建社会主义和谐社会尽一份绵薄之力，也坚信我们的中华民族一定能够早日实现伟大复兴！

目录

一、初兴:商朝的建立与发展   001

二、没落:商朝末代国君商纣的统治   013

三、崛起:周部落的发展及其与商的矛盾   049

四、备战:周武王时期的统治   075

五、决战:武王伐纣   089

六、更迭:商亡周立   115

一、初兴：商朝的建立与发展

（一）商朝确立

商朝是由子姓的商族所建立的。商是中国历史上相当古老的一个部落，商的祖先叫做契，与舜、禹大约处在同一个时期。商部落早期活动在黄河下游北方的广大地区，时常进行迁徙。大约在前 17 世纪的时候，商部落进入成汤统治时期。商族在成汤的带领下，活动在

今天河北南部、河南北部一带。这一时期，成汤在众多方国部落的支持下灭掉夏朝，建立了商朝。

据记载，在武王商汤灭夏的时候，他威风凛凛地站在大旗下，虔敬地拿着大钺，所指挥军队的气势如烈火般旺盛，没有谁能够阻挡。而在商汤灭夏侯，商汤回师西亳（今河南偃师西），召开了众多诸侯参加的大会。会上，商汤三次表示要让出王位，可三千诸侯无一人敢即位，都纷纷拥护商汤继天子之位，于是汤取得了天下共主的地位。就这样，在夏王朝的废墟之上，一个新的强盛的统治王朝——商，建立了起来。

在商汤时期，王权得到加强。最高君主的名称在夏代多称为"后"，到了商朝则称为"王"。

相传成汤灭夏时就以自己勇武为荣，号称"武王"。庚迁殷之后的晚商时期，王权进一步加强。后期的几位商王名号

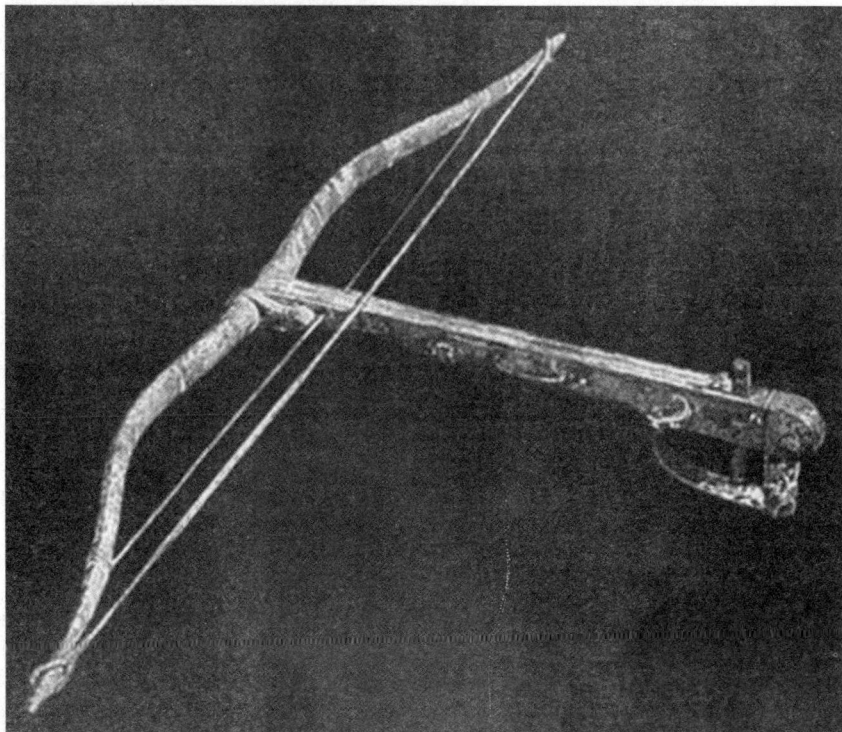

在干支字之前往往冠以美称，如康丁、武乙、文丁等，表示商王已经拥有了更加特殊尊贵的地位。商朝最后两位王竟将上帝的"帝"字用于王的名号，称为帝乙、帝辛，直接反映了君权神授的观念。

商朝始于汤而终于纣，共传 17 世，31 个王。对于商的统治时间，不同的史书记载的长短不一样，《竹书纪年》说共为 496 年，《三统历》说共为 629 年。无论怎样，商朝都是一个统治时间不算短的朝代。

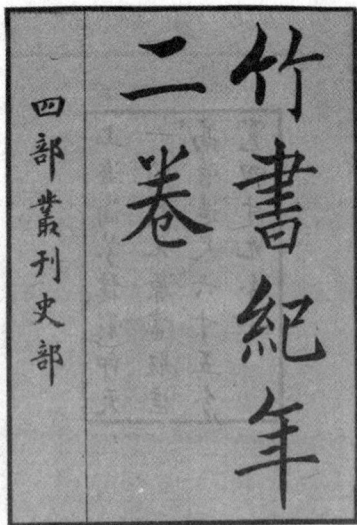

（三）社会发展

商朝时期，在政治、经济、文化等方面都比夏朝有了很大的发展，尤其在政治方面，更是特色鲜明。

当时，以商为核心的方国部落联盟比较巩固，商朝成为联系众多方国部落的中心和纽带。为了保持主导和核心的地位，商朝就必须由精明干练、富于经验的强有力的人物来当王。这样的人物在位的时候诸侯都会服从他；否则，如果没有强有力的人物出现，诸侯是不会来朝拜的。因此，在商朝的时候，王位的继承更多考虑的就是能力的问题。所以，在商朝，不仅有父亲死后儿子继承王位的情况，"兄终弟及"的情况也大量出现。也就是说，兄弟是王，在他死后不是由自己的儿孙继承王位，而是由弟弟来继承。这在其他朝代是罕见的，其中的原因很大程度上与加强以商朝为核心的方国部落联盟的需要有关。

在商朝的社会政治生活中，另一个非常具有特色的内容就是神权具有举足轻重的地位。后来殷墟出土的甲骨卜辞等材料表明，当时商朝的统治者几乎是每日

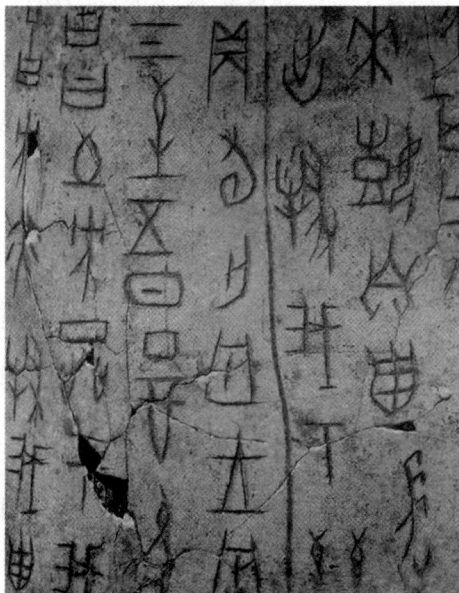

必占卜、每事必占卜，许多重要的军机大
事都需要求助神意才能决定。商王武丁
及其稍后的时期，人殉、人祭达到鼎盛，
大批的人被杀掉祭祀神灵，显示了神权的
特殊尊贵。在对神权的高度重视方面，古
代社会没有哪一个朝代能够和商朝比拟。

　　龟甲兽骨文字是商朝文化的瑰宝。
它虽然是商朝神权影响下的产物，但却
从各个方面记载了商朝的社会面貌，所

以说是极为宝贵的遗存。商朝以后，甲骨文近乎绝迹，因此卜辞材料就成为独具特色的商朝文化的代表。

商汤所建立的商王朝，历经初兴、中衰、复振、全盛、渐弱诸阶段后，到了商纣王（帝辛）即位时期，已步入了全面危机的深渊。总的来看，商朝的历史可以分为两个大的阶段。从成汤灭夏到盘庚迁殷以前为第一阶段，称为早商时

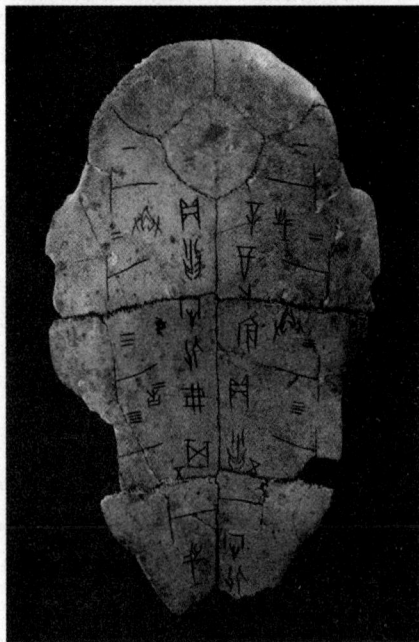

期；盘庚迁殷之后至商朝灭

亡，为第二阶段，称为晚商

时期。早商时期，它的都城

屡次迁移。在盘庚即位以后的晚商

时期，把商的都邑从奄迁徙到了殷，从

此固定了下来，商朝的发展也进入到一

个新的阶段。到了纣王统治时期，殷商

王朝政治腐败、刑罚酷虐，连年对外用兵，

民众负担沉重，痛苦不堪；贵族内部矛

盾重重，分崩离析，整个社会动荡不安，

出现了"如蜩如螗，如沸如羹"的混乱局

面，使得商朝最终被周所灭。

二、没落：商朝末代国君商纣的统治

（一）商纣其人

商纣王在位的时间大约是公元前
1075 年—前 1046 年，是商朝第三十代
君主，也是商朝的亡国之君。商纣王是
商帝乙的小儿子，名辛。原来帝乙是有一
个大儿子的，名字叫做微子启，为人很
仁厚，但是因为他母亲出身寒微，他不
能即位，所以帝乙正后的儿子辛继承了

王位。

　　据有的史书记载，帝辛博闻广见，思维敏捷、天资聪颖，领悟力奇高，才智足以对复杂的事情迅速作出准确的判断。在他长大之后，力量超凡，是少见的大力士，能空手与野兽格斗，和牛比试力量，据说他能把九头正在奔跑的牛拉得个个倒退。

在帝辛即位之初，也曾励精图治，有过一些作为。当时的政治也还清明，四海也还宾服。只是江淮间的夷人，还不时有入侵的情况发生。当时的东夷常常向商朝所在地发动进攻，掳去大量百姓作奴隶，对商朝是个威胁。纣王的父亲帝乙曾和东夷大战一场，但没有取得胜利。

帝辛即位后铸造大量兵器，在第八年的时候，纣王决心御驾亲征，彻底制伏夷人。纣王身着戎装，在大臣的陪伴下，举行了告庙典礼，接着在大校场杀牲祭旗，鸣炮启驾。此时的纣王坐在四马拉的

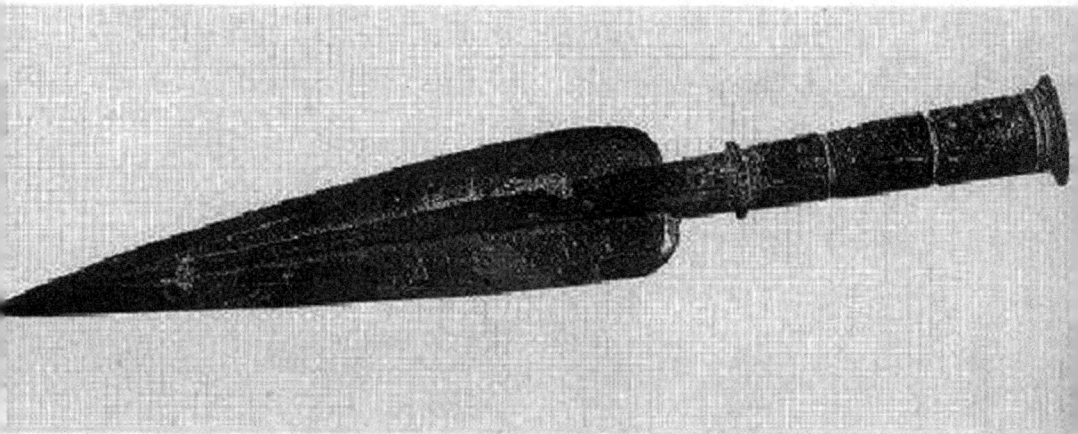

战车上，东征大军出淇水关，越过淇水，跨过滚滚北流的大河，在黎邑会合了诸侯发来的军队。纣王作了征东夷的誓师后，东征大军便直奔商邑（今河南商邱）而去。在商邑略事休息，第三天便向攸地（今安徽桐城县）开拔。到达攸地后，纣王接受了攸侯的参拜及军情的汇报。纣王的大军在攸侯军队的前导下随即开赴前线。

东夷各部联合起来进行抵抗，但挡不住纣王的攻势。商军如秋风扫落叶一般，一直

打到长江下游，降服了大多数东夷部
落，俘虏了成千上万的东夷人，大获全
胜。后来纣王的军队在夷方国域大肆威
势之后，即于次年正月，由前线返回攸地。
再入商邑。在商邑举行了告庙后，纣王
的大军便走上返国的道路。在返国途中，
遇上风景好的地方，便流连几天；碰上
好的围场，便狩猎一番。边走边玩，兴
致勃勃。直到暮春天气，王师才回到都
城。

这样的争斗，虽有掠夺性的一面，
但在客观上也加速了中原先进文明向江

淮地区的传播，促进了民族融合。从此以后，中原和东南一带的交通得到开发，中部和东南部的关系密切了。中原地区的文化逐渐传播到了东南地区，使当地人民利用优越的自然地理条件发展了生产。

但是，在中国的历史上，帝辛也一直被公认为与夏桀齐肩的暴君。他能言善辩，而且很会文过饰非。当时的人们说他很聪明，但是他的聪明都用到邪门歪道上去了；他口才过人，能把别人的

正确意见用歪理驳回去，把自己的过错用动听的辞藻修饰成功绩。而且，他依仗着自己的聪明，非常自负，总是向群臣夸耀自己，以为天下没有人能比得上他。好话听不进，却乐于听谗谀之言，并且贪图享乐，荒淫无度。

也或许正因如此，他被称为"纣"王（由于在古代，纣与受的发音是相同的，所以他还有一个名字叫做受）。上古之时，夏代的国君称为"后"，商代时候的国君称为"帝"，周代称"王"。所以，"纣王"的称呼绝对不是商代当时的称呼，更不

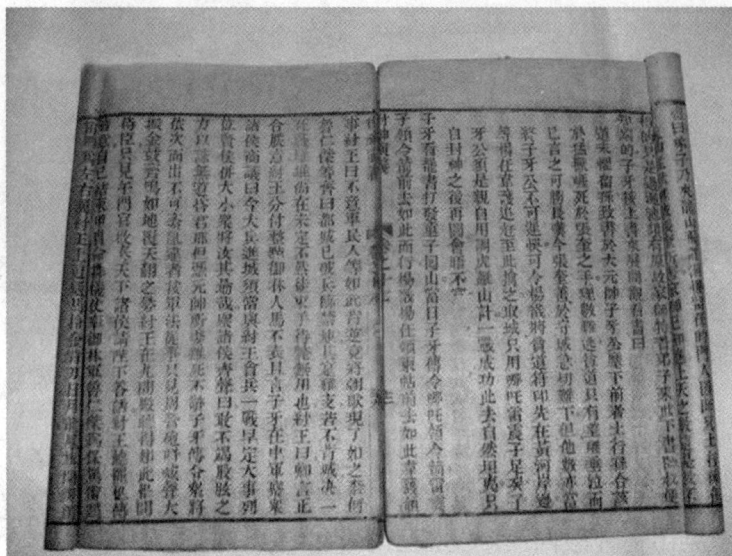

是帝辛的名字，只是后人通俗的叫法。据古书上记载，只有那些缺少仁义的人才能被称为是纣；而在汉代蔡邕所写文章中也说缺乏正义和缺少善行的人通常被称为是纣。总之，纣是一个恶名，是后代人定的一个称呼，很可能是周人给他的谥号（即死后的封号）。后来，帝辛统治的这一段历史，后人加上幻想元素，写成了《封神演义》，又称《封神榜》。

不过，有观点认为，很多对帝辛的

负面评价存在历史上的递增性。先秦文献对他的指责并不是很多，甚至许多文献称赞纣王聪颖勇武、才华横溢，是难得的明主，但随着时间的推移，对他不利的指责越来越多。孔子的学生子贡也曾说过："纣的不善，不像说得那样厉害。只不过是君子把天下的恶事都归到了他的身上。"这话虽有一定道理，但必须看

到的是，在纣王统治时期，由于对东经营，跟着中原文化也逐渐发展到东南，促进了江淮地区文化的发展；同时也由于战俘的不断增加，从而也大大促进了殷王朝的农业、牧业和手工业的发展，提高了奴隶主贵族的生活水平。殷王朝的这种"中兴气象"，滋长了纣王对自身价值的再认识，使他在人臣面前开始骄横起来，变得刚愎自用，甚至荒淫无道，而这些不好的统治行为再加上历代的传说，几千年来一直流传下来。

（二）暴政传说

　　随着统治的加强，帝辛对生活的要求也提高了。有一天，太师箕子入宫，猛然发现正在用餐的纣王所使用的雕花的筷子已经换成了象牙筷子，杯子也换成了犀玉的，顿时惊怕起来，当即予以劝阻。纣王笑问："不过是用了一双象牙筷子，有什么值得大惊小怪的呢？"箕子严肃地说："你用上了象箸，势必不肯用陶碗陶杯了，而要用玉碗玉杯；用象箸玉

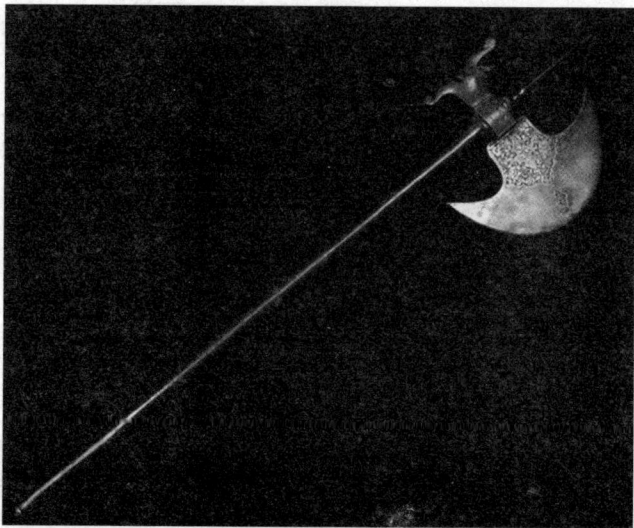

杯，势必不肯吃普通饭菜了，而要吃山珍海味；吃山珍海味，势必不肯穿粗布衣服和住在茅屋里了，而要浑身上下里里外外都是绫罗绸缎，要住在高台大厦里……"不等他说完，纣王便哈哈大笑道："您老人家太富于想象力了！从一双小小的象牙筷子，几步就引到了君道朝纲国家大事上去了。令人毛骨悚然，确实很可怕！"他也不顾箕子是自己的长辈，立即把他"请"了出去，背后骂道："老糊涂，小题大做，迂腐可笑！"箕子越想越怕，

连声叹息道："见微知著，奢侈闸门开了一点缝儿就难关上了，这小子迟早要搞垮我们的国家！"事情果然不出箕子所料，而且比他料想的还要糟糕得多。一步错，步步错。纣王在"象箸玉杯——山珍海味——锦衣华服——高台大厦"这条奢侈享乐的邪道上越走越快，越走越远。

纣王好酒贪杯，常常彻夜嗜酒寻欢。在宫廷里举行各种大型宴会，表演各种音乐、舞蹈、游戏。商纣王还让人挖了许多大池子，然后用酒灌满池子，可以供数千人狂饮不止；他还让人把熟肉悬挂起来，看上去像树林一样，人们可随便伸手摘取食用。这就是著名的"酒

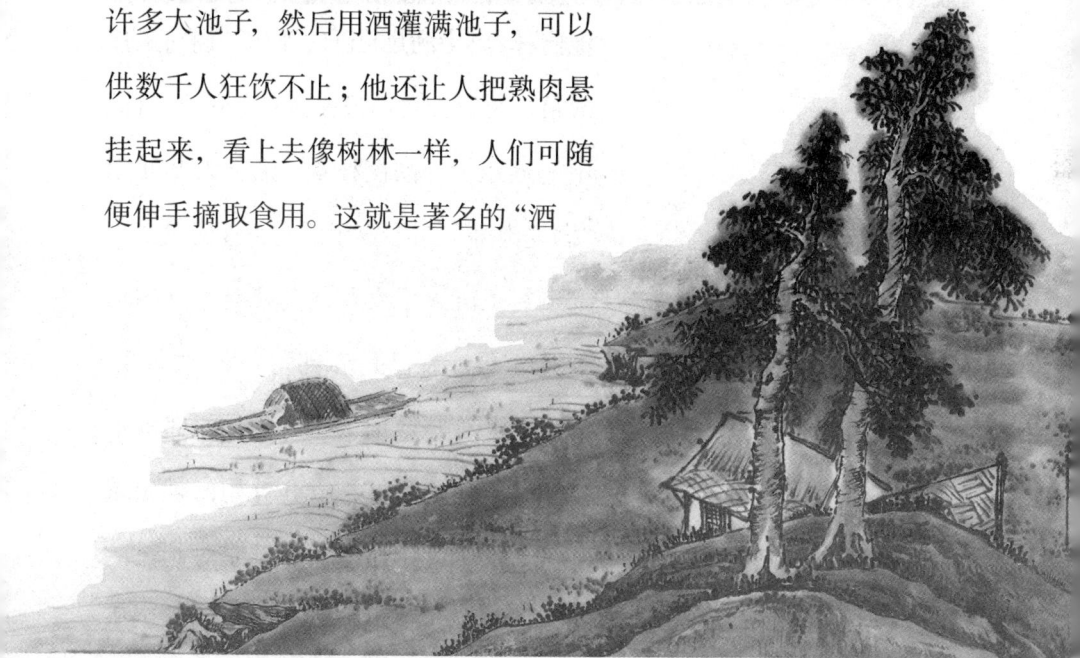

池肉林"。为满足自己的淫乐，商纣王让成群的男男女女赤身裸体在"酒池肉林"中追逐戏耍，彻夜狂欢。后来人们便用"酒池肉林"来形容生活的荒淫无度。

纣王沉迷于女色，尤其对美女妲己宠爱至极。妲己是苏部落酋长的女儿，因部落叛变，政府大军讨伐，苏部落抵挡不住，酋长只好把女儿苏妲己献出来乞和。为了讨妲己的欢心，他对妲己的话言听计从。妲己喜欢音乐，他就令乐师作了新的俗乐"淫声"，即所谓"北里之舞""靡靡之乐"。同时，商纣王下令从各地收集各种奇珍异宝和新奇的玩物，填满了宫室。

随着欲望的日益膨胀，纣王觉得首都殷邑已无法装得下自己，把殷都向南扩大到朝歌（今河南淇县城西十五里太行山东麓），向北扩大到邯郸、沙丘（今河北平乡东北），在这片广大地区修建离

宫别馆、苑囿台榭，捕捉大量的野兽飞鸟，放置在里面。帝辛统治时期，还曾大兴土木，造了一座鹿台。这座鹿台的地基有三里见方，高逾百丈。台前卧立有几排形似各种走兽的巨石，恬静安然，犹如守候鹿台的卫土。台下一潭泉水，相传古时深不可测（一纺锤丝线放入潭中仍未到底）。池水面平如镜。微风吹拂，碧波粼粼。风和日丽的早晨，彩霞满天，云雾缭绕，整个鹿台的楼台亭榭时隐时现，宛如海市蜃楼，恰似蓬莱仙境。

有史书记载说：殷纣王命姜尚监修，姜据理劝谏不受。纣怒欲杀之，姜尚逃遁，弃暗投明，辅佐周室。纣又命心腹崇侯虎监工。崇侯虎虔诚服从纣王旨意，兴师动众，集各地名匠，聚全国财宝，整整用了七年时间，完成了这样一座奢华壮丽的鹿台。除此之外，还建造了宫庭楼榭数百间。斗拱飞檐，雕梁画栋，富丽堂皇，极尽奢靡。殷纣王携妲己及歌女一连饮乐三日，以示庆贺。建造鹿台的过程中群众死伤无数，百姓们怨声

载道。鹿台的建造为殷的灭亡敲响了丧钟。有诗云：

剥民膏脂作台堤，作起台堤日已西。

牧野师兴苏困苦，朝歌戈倒望云霓。

九州宝货劳心贮，一旦灰尘战马蹄。

想是积财冤未散，晓来犹如乱云迷。

鹿台修好后，纣王就把搜刮来的金银珠宝集中在这里，还和美女们聚集在台上宴饮狂欢，长达七日七夜，以至于君臣姬妾都忘了日月时辰。

朝歌西边有一座巍峨的尖山，尖山脚下淌过一道清澈的泉水。有一天纣王和他的妃子坐在摘星楼上饮酒，远远望见一老一少在涉渡溪水。老人行动缓慢，而小孩很快就走过了溪水。妃子对纣王说："小孩骨髓正在兴旺，不怕冷。老人骨髓空虚，所以怕水冷。"纣王不信，竟命人立刻把这对无辜的老小抓来，用斧子砸断他们的腿骨，以验证妃子的话是否正确。因为纣王的这一暴行，后来人们就把这条溪水取名为"折胫河"。

商纣王如此荒淫无度，臣下有人不听命，百姓有人不听使唤，于是他就思考着如何用严酷的刑罚来镇压反抗势力。有一天，纣王和妲己看见蚂蚁爬到煅过的热铜片上，烫坏了脚，掉下来死了。他们心

生一计，马上命人铸了铜柱，架火烧烤，把违背纣王和妲己命令的人绑着拉上热铜柱，让他们光着脚在通红的铜柱上行走。可想而知，最多走上一两步，犯人便扑倒在烧铜柱的火中，活活被烧死了。纣王、妲己越发得意，大笑不止。这种残酷的刑法，就是"炮烙之刑"。

与此同时，商纣王还罢黜一些有才能的臣子，而重用一些奸佞之人。殷商朝中，也有不少贤臣，商容就是其中的一位。他为百姓请命，百姓也很敬爱他。

可是纣王嫌他不和自己一心,因而废去商容不用。另一个大臣名叫费仲,善于阿谀奉迎,吹牛拍马,纣王很喜欢他。但他贪财好利,不会理政,纣王便换了个名叫恶来的大臣来理政。恶来爱进谗言,总说诸侯的坏话,因此各诸侯王更加疏远殷王朝了。这样一来,更加削弱了殷商王朝的统治力量,纣王的权势也大不如前了。

在纣王的统治之下,整个商都就像盛夏的鸣蝉,又好像滚开的肉羹,一片混乱。神祇没人敬祭,宗庙没有人管理;大臣也都做些偷窃奸邪的坏事;犯了法的人受不到惩罚,甚至连偷窃神用的牺

牲吃，也不会被定罪。因而纣王的宗亲
没有不担心王朝命运的。

（三）迫害贤臣

面对纣王的残暴统治，那些忧国忧
民、正直敢言之臣纷纷挺身而出，不断
进谏。但纣王对大臣们的话置若罔闻，
并发挥其"智足以拒谏，言足以饰非"

的特点，百般狡辩抵赖，从不认错，死硬到底。一旦花言巧语难掩丑行，强词夺理不能服众，纣王便凶相毕露，使出残暴的手段，对那些劝谏的人进行惩罚。只要是反对他的、向他提出劝谏的亲信臣僚，都被施以重刑，轻者终生残疾，重者全家丧命。

　　九侯有一个美丽的女儿，纣王把九侯的女儿纳入了后宫。但是，九侯的女儿稳重贞静，不喜淫乐，看不惯商纣的荒淫无耻。纣王命她裸体劝酒，九侯的女儿不听命，商纣一怒之下杀了她，并对九侯施以醢刑，剁成肉酱，分赏给诸

侯们吃。大臣鄂侯来劝阻，强谏力诤，纣王将他也一块儿杀死，施以脯刑作成了肉干，供淫乐时取用。事情传到周国西伯姬昌的耳中，西伯低声叹息。谁知这事儿被西方崇国的崇侯虎知道了，告到纣王那里，纣王便将西伯擒来，问道："身为西伯，尊贵已极，享乐不尽，为什么叹息？"西伯再三叩头谢罪，不敢回答。纣王说道："叹息就是对大王不满，囚之羑里！"于是便把西伯姬昌囚禁起来。在姬昌被囚禁的时候，纣王还把他的儿子姬考处决，做成肉羹给姬昌吃，姬昌只好吃掉。纣王得意地宣称："谁说姬昌是圣人，他连自己的儿子都吃。"

商纣王妄图以血腥恐怖震慑群臣，让大家统统闭嘴，自己好为所欲为，不受任何"干扰"。在这种情况下，他的哥哥微子曾多次劝谏，纣王都不听。于是微子对父师、少师说："我们的祖先给我们留下的江山，因为嗜酒淫乐，败坏祖先的美德，现在江山完了。如今连大臣、小人都干偷窃奸邪的坏事，六卿、典士也互相效法而不遵守法度。小民们都反对我们，我们的国家真像涉大水一样，既找不到渡口，又看不到边岸，殷就要亡在今天了! 父师、少师呀! 我在家里心乱如麻，想离开家到荒野去，请你们不要把国家危亡的消息告诉我。"箕子说："王子，上天给我们殷邦降下灾难。使他沉酗于酒，有什么办法? 他什么都不怕：上不怕天威，下不怕长　老旧臣。现在殷民重赋，实际上只会更快地招来敌人。商如果灭

亡，我们只有殉国，不能做他人的奴仆。不过，我认为王子出奔倒是一条正道，否则，我殷家宗庙陨坠，就没有人能挽救了。"于是微子出走了。

当然，此时也还有一些并未被吓倒的忠臣。纣王的叔叔比干就是一个典型的例子。比干是殷朝的政治家，是殷朝皇室的重臣，曾在国王左右辅佐国政。

比干忠君爱国，为民请命，是敢于直言
劝谏，要求君主改善政治的忠臣，被后
来的人称为"亘古忠臣"。比干忠于殷室，
眼见殷商的国力渐渐削弱，民众离心离
德，心中极为不安，他叹息说："做大臣
的，主上有过错不劝谏就是不忠，怕死
不敢说真话就是不勇敢，即使劝谏不听
被杀，也应该尽到了忠臣的责任。"于是
上殿痛陈纣王的弊政及其危害，要求纣
王立即杀掉妲己，贬斥费仲等奸臣，重
用有才能的人，重振朝纲。有一次比干
连着三天猛烈抨击纣王的得失。比干对
纣王说："国君应该有能够直言指出过错
的臣子，父亲应该有能够直言指出过错
的儿子，读书人应该有能够直言指出过

错的朋友。我身为大臣，我来进谏，为的是叫你痛改前非，保住商朝的江山。"

并且说："西伯自离开羑里回去后，偷偷地在修德行，很多诸侯都背叛殷而归附周了，西伯的国势渐大，已经危及到殷商了，大王如果不修先王典法，不修德行，大祸就要临头了！"

比干连续三天进谏，纣王被责问得无言以答，就问比干："你为什么要这样坚持？"而且纣王听了比干的话，不但不引以为戒，反而怒火中烧，大声斥责比干说："我听说圣人的心有七窍，王叔

一向自视为圣人，何不把心掏出来，让我们大家开开眼界呢！"说罢下令剖开比干的胸膛，取出他的心脏来观看，并且用火焚毁比干的脸。为掩饰妄杀大臣的罪恶，纣王还下令说："少师比干妖言惑众，赐死摘其心。"残忍的纣王杀害比干后，还要将比干满门抄斩。比干的妻子怀有身孕，跑到一片树林中躲了起来，生下一子，名坚。纣王派兵去寻找，要"斩草除根"，找到比干妻子藏身的地方，问她怀中儿子姓什么，她急中生智，说"姓林"，于是躲过了灾难。周武王灭商之后，得知坚的身世故事，便赐其姓"林"，比干就成了林氏始祖。

在比干进谏的时候，一同上殿劝谏的王兄箕子见状吓得胆颤心惊，为避杀身之祸，便披散了头发，撕破衣裳，假装疯癫，把自己装扮成奴隶模样。但是纣王也没有放过他，把他抓起来，囚禁在牢狱里。从此，满朝大臣再也不敢进谏了。纣王在佞臣的谄谀下，更加荒淫暴虐，肆无忌惮。结果朝政日益腐败，郊社不修，宗庙不祭，一味以奇巧异能，

博取妲己的欢心。他的暴行不仅激怒了
所有心地善良的人，也彻底粉碎了一批忠
臣最后的幻想。商的太师疵、少师疆等
人看到纣王如此对待天帝、祖先，知道
殷朝的天下快要完了，便偷偷抱着祭器、
乐器，逃往周国去了。

　　商纣拒谏饰非，残害忠良，使得朝
中大臣、贵族以及诸侯和周边方国也都
离心离德。为转移人民的视线，纣王发
动对周边方国的连年征战，后又把全部
兵力用于对东夷的战争。战争加重了人
民的负担，激化了已经尖锐的阶级矛盾。

商王朝的政权已经岌岌可危。

总之，殷商王朝政治腐败、刑罚酷虐，并连年对外用兵，大兴土木，民众负担沉重，痛苦不堪；贵族内部矛盾重重，分崩离析，导致了整个社会动荡不安，政局十分混乱。

商朝最末的一百年间，在渭水的流域，兴起了一个强国，号为周。与纣统治后期日薄西山、奄奄一息的商王朝形成鲜明对比的是：商的西方属国——周的国势正如日中天、蒸蒸日上。周本是商王朝的一个诸侯国，经过周先祖几代人的创业，逐步发展成为一个强大的国家。

公刘、古公亶父、王季等人的积极经营，使周迅速强盛起来，其势力伸入江汉流域。周的壮大，引起了商王朝的不满，双方明争暗斗，矛盾日益激化，最终形成水火不容之势。文王姬昌即位后，任用熟悉商朝内部情况的贤士吕尚，暗暗修德行善以达到最终灭商的目的，积极从事伐纣灭商的宏伟大业。最终，周武王凭借其雄厚的国力，率西方各诸侯国起兵伐纣，灭掉商朝，夺取了王权。

三、崛起：周部落的发展及其与商的矛盾

（一）周的兴起

周族是我国陕西省渭水流域的一个古老的部族。传说周的始祖姓姬，名字叫做弃。关于他的身世还有一段颇为神奇的传说。弃的母亲叫姜嫄，是有邰氏部落的女子，嫁给五帝之一的帝喾为正妃。传说，有一次，姜嫄出外游玩，看到沙滩上有一个巨大的脚印，十分好奇，

便用自己的双脚去比量，忽然觉得身体内有一种异样的感觉。不久，姜嫄就怀孕了，生下了一个男孩。联想到巨人脚印，姜嫄认为自己生下的一定是个怪胎，这个孩子是个不祥之兆。于是，姜嫄就偷偷把这个孩子扔到了荒郊野外。可是，奇怪的现象发生了：把这个孩子放到牛马经过的地方，牛马见了他都绕着走而不去踩他；放到人迹罕至的山林中，忽然一下子来了一群人；放到冰冻的河面上，一群小鸟飞过来，用翅膀依偎着他，替他保暖驱寒。姜嫄认为这是神灵在庇佑这个孩子，于是又把他抱回家抚养。因为当初自己曾想遗弃他，便给他取了个名字叫"弃"。这个传说表明，周部落在"知母不知父"的母系氏族公社时期就已经存在了，而从弃开始，人类则进入了父系氏族公社阶段。

周字的古文象田中有种植之形，表示这一国族是以农业见长的。传说弃小的时候就对播种五谷产生了浓厚的兴趣，长大后成为了当时著名的农业专家，并因此被推举为部落首领。当时的部落联盟首领帝舜发现了弃的特殊才能，提拔他担任农官，指导人们进行农业生产。

弃果然不负厚望，指导人们科学地选用品种，按时令及时播种、整地、施肥、收割，几年之内，人人丰衣足食，无饥寒之忧。于是帝舜论功行赏，封弃于邰（今陕西扶风），号称"后稷"。后稷成为周族始祖。

后稷的子孙辗转迁徙于泾渭一带，他们最初居住在豳（今陕西邠县附近）。到古公亶父（后来追称太王）时，率领

周人来到岐山下的黄土高原定居，于是
这个高原被称为"周原"。在岐山的南面
建造都邑，后来又率众迁居岐山（在今
陕西岐山县境）之下，这一带土地特别
肥沃。古公亶父是周族的一位杰出的首
领，他采取一系列措施来发展壮大周族
的势力。一是进一步发展农业生产，组
织周人垦荒种田，兴修水利，使周人在
农业生产方面远远超过了其他部落。二
是为了建立良好的社会秩序，古公亶父

一方面实行仁政，爱民如子，一方面在部族内部设置了一套管理机构，建立了"五官有司"，设官分职，管理庶务，开始形成初步的国家机器。由于周族人民生活富足，社会秩序井然，附近的一些小部落纷纷前来依附，周族的势力和影响日渐扩大。

古公亶父死后，他的儿子季历（后来追称王季）即位。季历即位的同时，也继承了父亲的遗志。他对内进一步整

顿国政，对外发展周族的势力。在部落斗争中竟大败鬼方，俘其酋长二十人。周族四边的部族，要么前来归顺，要么被武力征服。

古公在豳，还住地穴，其时周人的文化可想而知。迁岐之后，他们开始有宫室、宗庙和城郭了。季历及其子昌（后来追称文王）皆与商朝联姻，这促进了周人对商文化的接受，也促进了周人的

开化，周成为了一个强大的国家。

（二）周商矛盾

自古公以后，周为商朝的诸侯之一。季历受商命为"西伯"，即西方诸侯之长。但商与周的关系并不总是和谐的，尤其是自周强盛以来，即以东向发展为一贯之国策，一直就有"翦商"的企图。而周族势力的迅速膨胀，也自然引起了商王朝的注意和恐惧。

统治全国的商王朝，当然不能容忍自己的诸侯国强大到威胁自己的王权和地位。但商王朝也找不出适当的理由讨伐周族。于是此时的商王文丁想到一个计策：一方面采取怀柔政策笼络周人，封季历为"西伯"，另一方面把季历诱到商都加以软禁，来观察周人的反应。

季历的儿子姬昌得知父亲被软禁的消息后，十分着急，赶紧搜罗了一批珍

宝和美女给商王送去。但商王文丁更关
注的是自己的王权和江山，并不为姬昌
所送的珍宝和美女所动。文丁幽禁季历
是为了抑制周的势力的发展，担心西岐
强大起来威胁自己的统治。但是为季历
来说情的人越来越多，不仅有朝中大臣，
也有各方诸侯；季历也在想方设法逃走。
这更使得商王文丁感到自己的担心不是
多余的，软禁季历的做法是正确的。但
现在既然已经无法再幽禁下去，又不能
放虎归山，商王文丁只好以"图谋不轨"
的罪名匆匆处死了季历。可以说，正是

　　姬昌和诸侯的营救活动，使商王文丁看到了周的巨大威胁潜力，从而痛下决心，促成了季历的被杀。这件事，进一步激化了周商矛盾，在周商之间埋下了仇恨的种子。

　　处死季历之后，为了缓和商周矛盾，平息朝中大臣和诸侯的不满情绪，商王令姬昌袭封"西伯"，西伯侯姬昌就是历史上的周文王。

（三）文王之治

姬昌即位后，决心为父报仇。心怀杀父之仇的周文王姬昌开始起兵攻商，却以失败而告终。此后，商纣王借口姬昌对商纣王不满，将其囚于羑里长达七年之久。文王姬昌被囚禁在羑里的时候，据说曾经增演《易》的八卦为六十四卦。世人称颂西伯，说他断决虞、芮争执以后，诸侯们尊他为王，那一年就是他承受天命而称王的一年。九年后姬昌逝世，谥为文王。他曾改变了殷商的律法制度，制定了新的历法。姬昌还曾追尊古公为

太王，公季为王季：也就是说，大概帝王的瑞兆是从太王时开始兴起的。

但姬昌比他的父亲要幸运得多，他这次面对的纣王帝辛，虽然凶狠残暴，但只知享乐却胸无大志。西岐大臣闳夭从国中挑选一名绝代佳人，又从骊戎、有熊国挑选了几十匹骏马，加上其他奇珍异宝，一齐送给商纣王。商纣王乐得眉开眼笑，说："一个美女就足以换回西伯侯了，你们何必如此多礼呢！"于是在饱受了牢狱之苦后，西伯侯姬昌终于平安地回到了西岐。

姬昌回到西岐后，一心想要报父仇、

雪己恨，但并没有立即出兵，因为他知道，以现在自己的实力和影响，周同商还根本无法抗衡，所以更加发奋图强，为灭商而做着积极准备。文王在国内修整内政，巩固了统治基础，也在诸侯间赢得了"仁义"的美名。具体表现主要有：一是在政治上宣扬德教，修德行善，使国内出现了清明的政治局面。当时，西伯侯将他的领地建设成了一个经济发达、

人人谦让、路不拾遗、夜不闭户的地方。那时候，岐山的百姓有了过错，士兵们只要在地上画个圈，作为牢房，被惩戒的人就会自动待在那里接受惩罚，而不会"越狱"。他的"笃仁、敬老、慈少、礼下贤"政策，赢得了人们的广泛拥护，巩固了内部的团结。二是努力发展农业经济。姬昌实行比较宽缓的政策，鼓励农民勤于耕种，关心人民疾苦，使国家仓库日渐丰富。三是招纳贤才。姬昌礼贤下士，多方寻访有才能的人，而那些贤

能的人也闻风而至，一时间周人才济济。他重用了谋略过人的吕尚（即后世传说中的姜太公）、散宜生、太颠、闳夭、南宫适等贤才。

在修明内政的同时，文王向商纣发起了积极的政治、外交攻势，来扩大自己的影响，以争取更多的诸侯。一方面，他以献出洛西的土地的代价，请求商纣废除炮烙之刑，制定罪行不要牵连亲属的政策。这既赢得了广大民众的支持与拥护，使百姓从内心里拥护他，也争取到了那些归附商朝的小诸侯国，最大限度地孤立商纣。另一方面，诸侯们有什么事情也都来找文王处理。文王曾公平地处理了虞、芮两国的领土纠纷。当时一些诸侯发生争执的时候都来找他决断，其中最著名的故事是周断虞、芮之讼。虞、芮都是商王朝的属国，两国相邻，发生了领土争端，它们本应到其共主商王那里决断此事，但二者倾慕周文王的威名，不朝殷，却去请周王公断。两国的国君进入周境之后，奇怪的事情发生了。他们在街头看到一匹马和一头牛相向行驶，相遇之后都礼让三分，让对方先走，以致谦让到一个早上都还在原地不动。他们看到这一情景，内心感到羞愧和感慨，难道

人还不如畜生？因此，二人立刻握手言和，相互谦让，没有见到周王就返回了。这件事影响很大，许多小国纷纷前来归附，标志着周在政治上和外交上开始取得对商王朝的优势。此外，文王还颁布"有亡荒阅"（搜索逃亡奴隶）的法令，保护奴隶主们的既得利益，争取奴隶主和贵族支持。

正是在上述这些措施实施的过程中，文王扩大了政治影响，瓦解了商朝从前的威信，取得了政治斗争的重大胜利，周的国势由此更加蒸蒸日上，逐渐超过了商王朝，成为各诸侯国的首领。

在整饬内政、争取诸侯支持的过程中，文王还努力处理好与商周的关系，假意臣服于商纣王，以麻痹纣王。他曾率诸侯朝觐纣王，向其显示所谓的"忠诚"。同时大兴土木，"列侍女，撞钟击鼓"，并故意表现出纵情声色，沉迷享乐的假象，令纣王对他放松了警惕，确保灭商的准备工作能够在暗中顺利地进行。

在文王积极进行准备期间，他已受命称王。所谓"受命"就是受上帝之命。《诗·大雅·皇矣》写道：伟大的上帝从天上往下观看，从四方观察，寻找一个有光明德行的人，最后找到了季历的儿子文王，这就是接受上帝的 命令而称王的意思。周文王"受命"称王，也仍然不改变小心翼翼朝殷的态度。周这时对殷商的和平政策，可说是有意识的、有目的的，不是一般的屈辱的表示。周原甲骨文中有一条"彝文武帝乙"之辞。文武帝乙是殷帝乙的异称，他是纣王的父亲。为什么在周原甲骨文中却有帝乙的名号呢？这可能是因为周原有殷商的宗庙。殷纣王曾经到过周原，故有祭祀其父文武帝乙之辞。这反映了周在文王时确已成为殷商的诸侯了。作为殷商的一个诸侯，在表面上对殷纣十分驯服的同时，周又渐渐向东发展。

（四）扩展疆土

文王即位之初，周仍是一个方圆百里的小国。但在各方面准备工作基本就绪之后，文王在吕尚的辅佐下，制定了正确的伐纣军事战略方针，开始拓展疆土，周的势力开始沿着渭水向东发展。

文王的第一个步骤就是剪除商的羽翼，对商都朝歌形成战略包围态势。周文王姬昌通过兵进西北，相继征服北方的犬戎、密须（在今甘肃安定县）、阮、共等方国。紧接着，文王又组织军事力量渡黄河向东发展。为剪除掉商的右翼，首先尤其是攻占耆地（耆也作黎，位于今天山西长治西南），成为商朝岌岌可危的一个重要征兆。耆在今山西黎城，是殷商的门户，耆被攻占对商的都城殷（今河南安阳）形成威胁。

据史书记载，在耆被打败之后，商朝的大臣祖伊既怨恨周国，又非常害怕，于是跑到纣王那里去报告说："上天已经断了我们殷商王国的命根子了，不管是能预知吉凶的人，还是龟甲的神示，都不敢告知殷的前途有什么征兆了。并不是祖先神灵不肯保佑我们这些后人，而是大王你荒淫暴虐，不遵守王道常法，以致自绝于天，所以上天抛弃了我们，使祖宗不能安食供享。你伤天害理不走正道，弄得天下臣民无法正常吃饭睡觉，如今我国的老百姓无不盼望殷国早早灭亡，他们说：'老天爷为什么不降下惩罚？真命天子为什么还不来到？'现在大王你该怎么办？"纣王有些慌乱，但仍然强作镇定说："我生不就是真命天子吗！他们的恶言又能把我怎么样呢？"听到这句话的祖伊踉踉跄跄地走下殿来说："纣王真是不可劝谏了。"纣王没料到天命是可以改变的，也没有觉察到周人正在积极地做着改变大命的准备。

在攻占了耆地之后，周又正面进攻

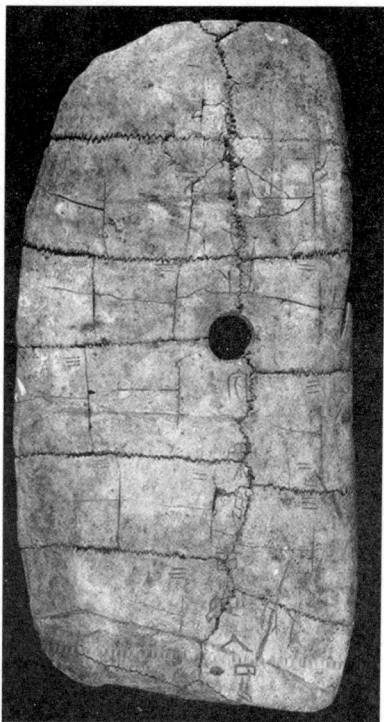

邗国，直接威胁商纣王所在别都朝歌；随后又剪除掉商的左翼，攻取商朝西南方向的战略重镇崇（今陕西户县附近）。这为以后周军东进打开了通道。灭了商室的重要属国，打开了进攻商都——朝歌的通路。至此，周已处于"三分天下有其二"的有利态势，西至今陕西、甘肃一带，东到今河南沁阳，南达长江、汉水，对商都朝歌已形成了进逼之势，为攻灭商朝奠定了基础。

随后，姬昌将都城由岐下迁走，在沣水、渭水之间建立城邑即丰邑（今陕西长安西南沣水西岸）。自岐下东迁居之。

他东进的意向已经够明显了。这样，周基本完成了攻商决战的准备，伐纣灭商只不过是时间问题了。

至此，西伯侯的威望大增，许多诸侯都来和他示好。但西伯侯仍然隐忍，对纣王越发恭敬，给纣王的财物也是越来越多。商的大臣们都感到西伯侯有着更大的目标，纷纷进谏纣王要他做准备，但整日沉湎于酒色的纣王却说："区区一个百里小国，能奈我何？"

受命九年，即周迁徙到丰的第二年，在完成灭商大业前夕，姬昌得了重病。他自知不久于世，就嘱咐儿子姬发要抓住时机，不要犹豫不决。姬昌虽然没有亲自攻灭商朝，但他为儿子灭商建立周朝扫清了道路。他以德兴邦、以德治天下的丰功伟绩，受到了后人的推崇。后世儒者也将他列入圣人行列，成为帝王政治风范的典型。

四、备战：周武王时期的统治

（一）武王其人

姬发是周文王姬昌的次子，谥号武王，西周时代青铜器铭文常称其为珷王。武王母亲为"太姒"，他的正妻是"邑姜"。姬发继承王位后，没有改元，沿用文王时期的"受命"年号。

姬发即位后，以文王为榜样，承继文王的事业，遵循既定的战略方针，并加紧予以落实。他在孟津（今河南孟津东北）与诸侯结盟，向朝歌派遣间谍，准备伺机兴师。当时，太公望担任太师，周公旦做辅相，还有召公、毕公等人辅佐帮助。同时，在武王姬发即位后，对内重用贤良，继续以姜子牙（即姜尚）为军师，并用弟弟姬旦为太宰，召公、毕公、康叔、丹季等良臣均各当其位，人才荟萃，政治蒸蒸日上。对外争取联合更多诸侯

国，孤立商王朝，壮大自己的力量。

在武王继承王位时，商朝在暴君纣王统治下，政治上已十分腐败，但军事上仍有较强实力。武王审时度势，等待时机，积极为灭商准备条件。这一期间，武王为便于进攻商都朝歌(今河南淇县)，将都城由丰（今陕西西安西南沣水西岸）迁至镐（今陕西西安西南沣水东岸）。之后，进行了一系列的准备活动。

（二）孟津观兵

当时，随着周的发展，商纣王也已感觉到周人对自己构成的严重威胁，曾经决定对周用兵。然而这次军事行动，却因为东夷族的反叛而化为泡影。商纣王为了平息东夷的反叛，调动部队倾全力进攻东夷，结果造成西线兵力的极大空虚。在这种情况下，周武王决定乘机搞一次会师演习。于是在武王受命第九年，周举行了历史上有名的"孟津观兵"。

这次观兵实际上是一次为灭商做准备的军事演习和检阅。一方面是为了以此来了解自己的号召力，借此试探一下各诸侯国的反应；另一方面，也是要了解一下军事状况，并借此炫耀武力，鼓舞士气。

在举行观兵之前，武王向司马、司徒、司空等受王命执符节的官员宣告："大家都要严肃恭敬，要诚实，我本是无知之人，只因先祖有德行，我承受了先人的功业。现在已制定了各种赏罚制

度，来确保完成祖先的功业。"于是发兵。

武王率大军先向西行走到毕原（今陕西长安县内）文王陵墓祭奠，然后转而向东行走，向朝歌前进。行军途中，武王在中军竖立起写有自己父亲西伯昌名字的大木牌，只是称呼自己是太子发，奉文王之命前去讨伐，不敢自己擅自作主。大军快要到达黄河时，师尚父向全军发布命令说："集合你们的兵众，把好船桨，落后的一律斩杀。"武王乘船渡河，船走到河中央，有一条白鱼跳进武王的船中，武王俯身抓起来用它祭天了。渡过河之后，有一团火从天而降，落到武王住的房子上，转动不停，最后变成一只乌鸦，赤红的颜色，发出鸣叫声——这在当时被认为是吉兆。

在大军抵达黄河南岸的孟津（今河南孟津县东北）后，诸侯们虽然未曾约定，却都会集到这里，共有八百多人。从这一形势上可以看出，当时的人心是朝向周的，商纣王孤立无援的大势已形成，诸侯们都大力劝武王立即向朝歌进军。此时的西岐在军事实力上已经处于绝对优势，大多数诸侯国也已经倾心投靠，只有少数诸侯国对商王朝仍心存幻

想，个别诸侯仍坚持认为"天命在殷"，不可征伐；或者对于周是否具备讨伐殷商的实力处于观望状态。因此，尽管此时用武力夺权胜算已经比较大，武王和姜太公依然认为时机还不成熟。他们深知"百足之虫，死而不僵"，在没有十足胜利把握的情况下，不会轻易出兵。武王说："你们不了解天命，现在还不可以。"告诫大家不要操之过急，并在军队渡过黄河后又下令全军返回，继续笼络人心，扩展实力。他要等的是商王朝的彻底腐朽，然后再出兵给以致命一击。

（三）时机到来

此后，武王审时度势，注意观察商的变化，并派出间谍到商查看情况，回报说商纣王耽于酒色，淫乱不止，残酷统治，民怨沸腾。又过了两年，线人报告说，商朝统治集团内部的矛盾呈现

白炽化的状态，发生了激烈的内乱。商纣饰过拒谏，肆意胡为，他杀死了比干，囚禁了箕子，逼走了微子。另一些被牵连的贵族如太师疵、少师强见纣王已不可救药，便抱着商朝宗庙祭器皿出逃到了周国。道路两旁的百姓都侧目而视，闭嘴不说话。

在这种情况下，武王同姜尚研究，认为灭商条件已完全成熟，决定趁这一有利战机，乘虚蹈隙，大举伐纣。于是武王向全体诸侯宣告说："殷王罪恶深重，不可以不讨伐了！"遵照文王"时机到了就不要迟疑"的遗嘱，武王果断决定发兵伐商，通告各诸侯国向朝歌进军。

武王伐商的战略计划是：趁商朝主力军滞留在东南之际，精锐部队以迅雷不及掩耳之势，深入王都，击溃朝歌守军，一举攻陷商都，占领商朝的政治中心，瓦解商政权，使残余的商人及其附属方国的势力群龙无首，然后各个击破。《诗经·大明》中记述此事，称之为偷袭

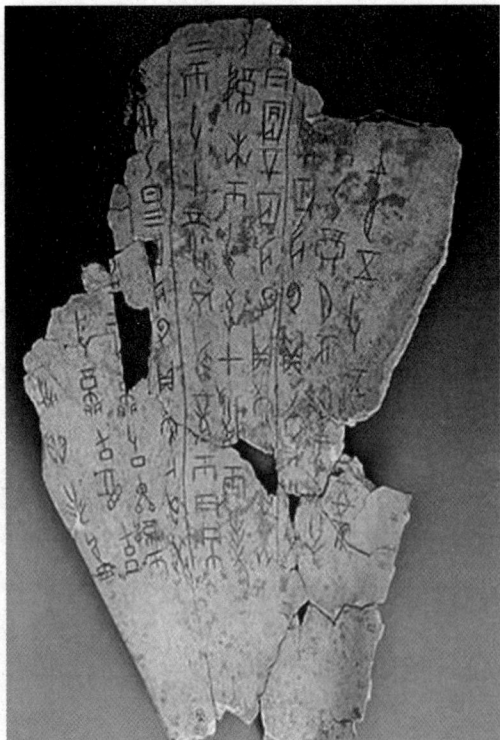

进攻大商，或"快速进攻大商"。而这和三千年后的"闪电战"颇有异曲同工之妙。

周师出兵前按惯例用甲骨占卜，本来只是走走形式，不料结果居然大大不利。见此不吉之兆，百官大惊失色。恰在此时，偏偏天降大雷雨，这更加动摇了周国君臣的信心。正在大家面面相觑的时候，吕尚一把抓起龟甲兽骨扔在地上，大喝道："枯骨朽龟，知道什么天命!"在吕尚的坚持下，武王恢复了信心，仍然按原计划出兵。

五、决战：武王伐纣

（一）大军初动

大约公元前 1057 年，受命十一年一月二十六日，周武王亲率兵车三百乘，精锐武士三千人，以及甲士（步兵）四万五千人，浩浩荡荡东进伐商。此时的周国，已经是倾巢出动。

到了二月二十一日，周军渡过黄河到达前年曾经会盟的孟津与友军会帅。

在那里与反商的庸、卢、彭、濮、蜀（均居今汉水流）、羌、微（均居今渭水流域）、髳（居今山西省平陆南）等方国部落的部队会合。不少方国的国君亲自赶来，总兵力达到五万人左右。历史上记载，周武王的大军在到达孟津南的黄河渡口时，夜明如昼，各方诸侯们都兴奋地高歌猛进。这时有一群长着鲜红羽毛的大鸟，齐向周武王的渡船飞来。大家为此很高兴，认为是吉祥之兆，此战必胜。过河以后，姜尚命令把渡船全部砸毁沉在河中，对部下说："我们是替民伐罪，只有向前，宁死无回。"

之后，在周军继续向北的行进中，天空突然袭来了暴风雨，大风把旗杆一折为三，大雨三天不停。武王非常烦恼，姜尚却说："这没有什么。杆折为三者，启示我们应当把大军分为三队；大雨不停，这是天洗兵，帮助我们洗洗浊气，可以更加意气风发地向前。"周军继续前进。他们从氾地（今河南荥阳氾水镇）渡过黄河，期间，曾经面对水泛、山崩之灾，而武王排除了军中出现的畏惧之心，兼程北上，至百泉（今河南辉县西北）折而东行，直指朝歌。沿途向商民宣告：周军不以百姓为敌，而是为民除害，争取商地民众支持。经六天急行，进抵牧野布阵，取得与商决战的战略主动。

从孟津到朝歌，是商王经常巡猎的区域，所以道路状况很好。同时，在当时的历史条件下，国家的人口是十分稀少

的，军事技术水平也是十分低下的，所以商朝的军队不可能沿边防守，大都只能占领一些重要城市作为据点，除周围有一些乡村外，都是野兽出没的森林和荒野，在其中行军往往根本无人知晓。因此，在古时候，野地行军突袭别国核心地带，甚至穿过几个国家去远处攻击别的国家的战例有很多。因此，在此后的几天中，武王率领的联军在这种良好的路况下，每天都能够以近三十公里的速度急速前进，比平常时行进速度要快一倍。

周师沿途没有遇到商军的抵抗，故

开进顺利，仅经过六天的行程，联军赶到朝歌城外的牧野。这里是通向朝歌的要道，同时也是商朝戍卫部队的驻扎地。联军没有贸然进攻，而是停下来开始布阵。从关中出发到兵临朝歌，总共用了一个月的时间。就当时的条件而言，这一速度可说是惊人的。

这时，周武王共有兵车三百乘，卫士三千人，士兵四万五千人，加上诸侯们带来的四千乘兵车，数万人马，形成一支威武雄壮的大军。他们在牧野严阵以待。周武王立在战车上，左手握着黄色大斧，右手拿着饰有白牛尾的指挥棒，神态严肃地对全体将士宣誓说："举起

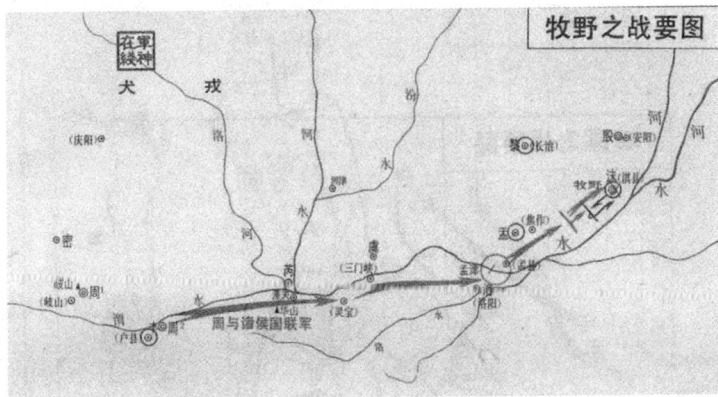

牧野之战要图

你们的戈，拿起你们的盾，竖起你们的矛。我们要执行对殷纣王一伙的惩罚了，你们要像猛兽那样去攻击敌人，努力作战！"这篇誓词就是历史上著名的《牧誓》。

（二）战前誓师

在周武王率军到达牧野之后的当夜，下起了大雨。此时，周武王率领的联军还没有布阵完成，就在雨中进行布阵安排。史书中称联军共有"六师"。具有军事史家推测，武王安排了一个第一梯队，由三百乘战车，三千名虎贲作为一个师，这就相当于今天的装甲师。其余的部队有四万五千人，分为五个"师"，在后面组成方阵，作为第二梯队。

武王首先作了一个开场白说道："我们尊敬的友邦国君和执事大臣，各位司徒、司马、司空、亚旅、师氏、千夫长、百夫长，还有庸、蜀、羌、髳、微、卢、彭、濮诸邦的将士们，举起你们的戈，排列好你们的盾，竖起你们的矛，我要发布誓师令了。"

同时，武王对各地赶来的方国将士们致以慰问，说："辛苦了，远道而来的将士们！"之后他开始在阵前声讨纣王听信宠姬谗言，不祭祀祖宗，招诱四方的罪人和逃亡的奴隶，暴虐地

残害百姓等诸多罪行，从而激发起从征将士的斗志。武王说："古人有句老话：'母鸡在早晨不打鸣；如果谁家母鸡早晨打鸣，这个家就要衰落了。'现在商纣王只是听信妇人的话，轻蔑地抛弃了对祖先的祭祀而不闻不问，抛弃先王的后裔，不任用同宗的长辈和兄弟，却对四方八面的罪人逃犯崇敬、信任、提拔、任用，让他们当上大夫、卿士，使他们残暴虐待老百姓，在商国都城胡作非为。现在我姬发要恭敬地按上天的意志来讨伐商纣。"这里，武王特地举出了纣王重用四方逃亡的罪囚这一事例，因为它最能触动方国诸侯对纣王的仇恨。

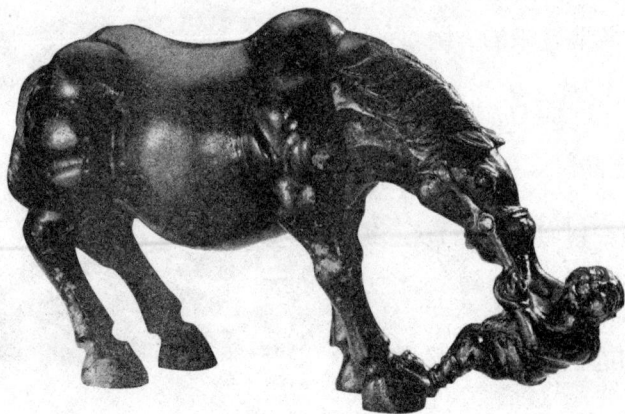

　　紧接着，武王又郑重宣布了作战中的行动要求和军事纪律。他强调说，在今天这场战斗的进中，不超过六七步，就要停下来取齐，保持队型，整顿队伍；在战斗的刺杀中，每次刺杀不超过四五次或者六七次，必须随时停止下来取齐，然后进行整顿。通过这种方式来稳住阵脚。并且还严申不要迎击向他们投降的人，不准杀害降者，以便让他们为自己服务，也就是要瓦解商军的意志。

　　最后，武王向将士们发出努力征战的号召："努力吧，将士们！你们要威武雄壮，像虎、豹、熊、罴一样勇猛，在商都郊外大战一场。努力吧，将士们！如果你们不努力，你们就会遭到杀戮！"

　　在武王誓师后，周军将士们士气大

振，欢声雷动，响彻云霄。

（三）朝歌迎战

纣王知道周师要进犯京师的消息后，不禁拈须大笑说："周不过是一个要方里的小国，也敢在太岁头上动土，岂不是'蚍蜉撼大树，可笑不自量'？"所以，纣王根本没把武王的兵犯朝歌放在心上。纣王仍然花天酒地，醉生梦死。同时，纣王讨伐东夷的战争，由于后来采取了穷追猛打的战术，经过一个多月的血战，东夷终于被征服。捷报传来，纣王喜上眉梢，朝歌一片欢腾。从前线运载来的战俘，正源源不断地送来京师。加上时值腊尽，朝廷上下，一方面张灯结彩，一方面又要准备隆重热烈的祝捷盛典。至于如何对付东来的周师，还没有来得及排上日程。进入新春，纣王君臣又接连数日，在鹿台忙于计功授勋，大摆九龙盛筵，欢庆征伐东夷的胜利。纣王早已把周师东来的事忘在了脑后。直到周师兵到牧野，军报传来，才惊散了纣王君臣的欢宴。

第一批紧急军情前脚刚传到，联军自己后脚就跟着来了，商着实被打了个措手不及。当时，商纣正在鹿台带领百官观看斗鸡。这时一场斗鸡结束，按惯例，侍从去场上取下一支箭尾羽呈给商纣，忽然听到有人急报："周兵已到牧野，杀奔都城而来！"商纣一听，吓得出了一身冷汗，忙高喊参将军辛庚，辛庚不敢怠慢，忙整衣待命。商纣把手中的那支箭尾羽

向他一扔说："命你领兵前去迎敌!"大将辛庚就领着这支箭尾羽毛去发号施令,组织军队去抵抗周军。于是就留下了"鸡毛当令箭"的故事。

当周武王的军队浩浩荡荡地渡过了黄河,一直打到商都郊外牧野一带时,商纣才感到事态严重。纣王已经听说了周人因未得天命而从盟津退兵的消息,这更增强了他对天命在己的信心。可是

他没有想到，对方竟然这么快就卷土重来，而且迅速兵临城下。此时的商纣王或许可以有几种选择，要么是坚守朝歌城，让周军在商军的坚守之下疲惫不堪，等四方的援兵到来之后，内外夹击来发动反攻；要么弃城撤走，到东方去和自己的主力军会合，然后回师讨伐周军；要么趁周军立足未稳，立即在城外进行战略决战，一举击溃来犯的周军。

所有这些可能，最让纣王感兴趣的还是第三种，当然这一选择的实行难度也是最大的。毕竟此时的朝歌城内没有更多的主力兵和精兵去破敌，而且也没有可用的战车。单靠步兵，很难和冲击力强大的战车阵相抗衡，更何况周军士气正锐。然而，对于商纣王来说，固守朝歌也不是个办法，毕竟他自己也已经意识到，统治集团的内部此时已经是离心离德，而外部对东夷等部族的征服也并不稳定，如果朝歌的战事长期拖延下去，必然会导致其他严重的变乱，威胁自己的统治乃至生命。在这种情况下，暴烈勇武的纣王决定赌一次，派兵来和周武王的军队决一死战，希望一举克敌，从而把自己的统治维持下去。

此时的商纣王，尽管主力精兵不再，

但是他还有一张不小的底牌，这就是在朝歌城内还有大量奴隶和战俘。把他们武装起来，在数量上仍然可以对敌军占有绝对优势。这一点足以抵消周军素质和装备上的优势。于是，帝辛迅速武装了一批奴隶和战俘，亲率少量禁卫部队押送，奔赴前方战场。《史记》记载，纣王出动的总兵力有七十万，无疑过于夸大，另一些文献记载是十七万，似较为合理。虽然牧野前线究竟有多少人仍然是一个谜，但商军在数量上占压倒优势则是毫无疑问的。但是，牧野的这场战斗，却以商军的失败而告终。

（四）牧野之役

　　牧野，在今天河南省新乡市和淇县之间，是一片宽敞的田野。这片上地，横卧在黄河之滨的豫北大平原上，京广铁路纵贯南北，现代化公路横穿东西。夏收季节，金黄色的麦浪滚滚；秋收时刻，雪白的棉田似海。谁会想到，这里曾是历史上一场大规模战争的遗址？战争的一方，是我国古代史上著名的暴君殷纣王；另一方，就是西周开国君主周武王。

　　在三千多年前的那一天，周武王已经布阵完毕。此时，天色逐渐大亮，远方前来阻截的商军阵形也渐渐显出轮廓。本来在武王誓师鼓励下斗志昂扬的将士们不禁倒抽了一口冷气：商军黑压压的，几乎要一直排到天边，一面面旗帜像森林一样一望无际。虽然不知道对方确切有多少人，但是也看得出来要远远多过己方。联军将士刚刚鼓起的勇气又快要低落了。商军的强大阵容，令联军军心动摇。面对形势的微妙反转，武王高呼："前进吧，'上帝'正在看着你们呢，千万不要改变心意！"正是这种高呼重新鼓舞了士气。武王还宣称，不努力向前的士兵，就要被施以严厉的刑罚。恩威并施下，联军的战鼓震天般擂了起来，战斗开始了。

此时，在牧野广阔平坦的大地上，周军的数十辆战车组成小小的一字阵形，快速逼近商军阵线。商军的弓弩手开始放箭，几辆战车歪到了一边。但大部分的战车仍不为所动，就像飞鹰扑击一样，

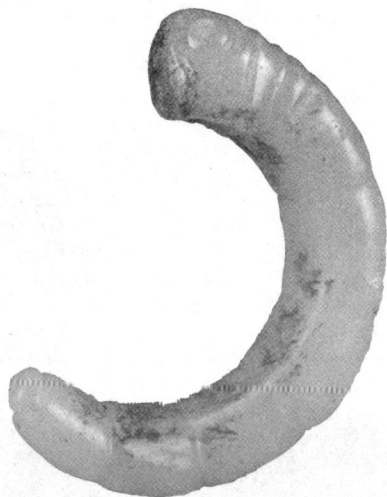

冲向商军的旗帜之林中。商军弓弩手都是临时拉来的征夫,箭法本来就不准,看到周军战车的疾速逼近,手都哆嗦了起来。片刻之后,就连周军胸口铠甲上的狰狞兽头都能够看见,商军更是斗志全无,不由自主地往后退缩。战车上的武士们开始放箭,战车本身在颠簸中前进,箭很难射准。但商军密密麻麻的人群使得瞄准都成为多余,每一箭下去就是一片惨叫哀嚎,魂飞魄散的商军士卒开始狼奔豕突,商军的阵线上出现了一个又一个的缺口。

在这种情况下,周武王下令向商军发起总攻击。他派吕尚率领一部分精锐

突击部队向商军挑战，以牵制迷惑敌人，并打乱其阵脚。史称吕尚其时已经是八十多岁的老翁了，从战场上的勇猛表现来看，真让人难以置信。而商军中的奴隶和战俘心向武王，这时便纷纷起义，掉转戈矛，帮助周帅作战。武王不失时机，命令挥舞军旗，擂起战鼓，主力战车部队也开始了冲锋，像一片巨大的乌云一样从地平线上席卷而来，呐喊声响彻云霄。

纣王的军队，虽然也像树林一样多，也像箭一样在原野上飞驰，但却没有决战之心，相反地倒是把武王看做是救星，希望武王的军队更快地打下朝歌。所以尽管纣王左右挥动他手中的令旗，命令前锋应战，无奈纣军前锋不但不前进，相反都掉转矛头，向后杀去。纣军阵脚大乱，接着武王的军队掩杀过来。顷刻间，商军十几万之众土崩瓦解，十余万人如同潮水一般退去，并引导着武王的军队向朝歌开去。

结果，太阳还没有升到天上，牧野之战主要的会战就已经结束，接下来，就只是周军的追亡逐北了。正如《诗经》中所唱的："快速地攻打大商，一个早上就平定了一切。"

在牧野之战中，商纣王以优势兵力迎敌，却迅速败亡，根本的原因自然是殷商统治集团政治腐朽，横行暴敛，严刑酷法，以致丧尽民心，众叛亲离；其次是对东方进行长期的掠夺战争，削弱了力量，且造成军事部署的失衡；三是殷商统治者对周人的战略意图缺乏警惕，放松戒备，自食恶果；四是作战指挥上消极被动，无所作为。加上军中那些临时仓促征发的奴隶阵上起义，反戈一击，一败涂地也就不可避免了。

与之形成鲜明对比的是，牧野之战中周武王一鼓作气，取得胜利，但这一彻底的胜利绝非偶然，它一方面是周文王、周武王长期正确运用"伐谋""伐交"策略的结果，也就是发展自身的力量，勤修内政，团结其他方国，孤立商纣王，达到了争取人心，翦敌羽翼，麻痹对手，建立反商统一战线的积极效果。另一方面，周武王也是选对了作战的时机，即乘商师主力远征东夷未还，商王朝内部分崩离析之时，果断地统率诸侯联军实施战略奔袭，从而使敌人在战略战术上均陷于劣势和被动，未暇作有效的抵抗。此外，周武王在战前适时展开的誓师，通过历数商纣罪状，宣布作战行动要领和战场纪律，鼓舞了士气，瓦解了敌人。最

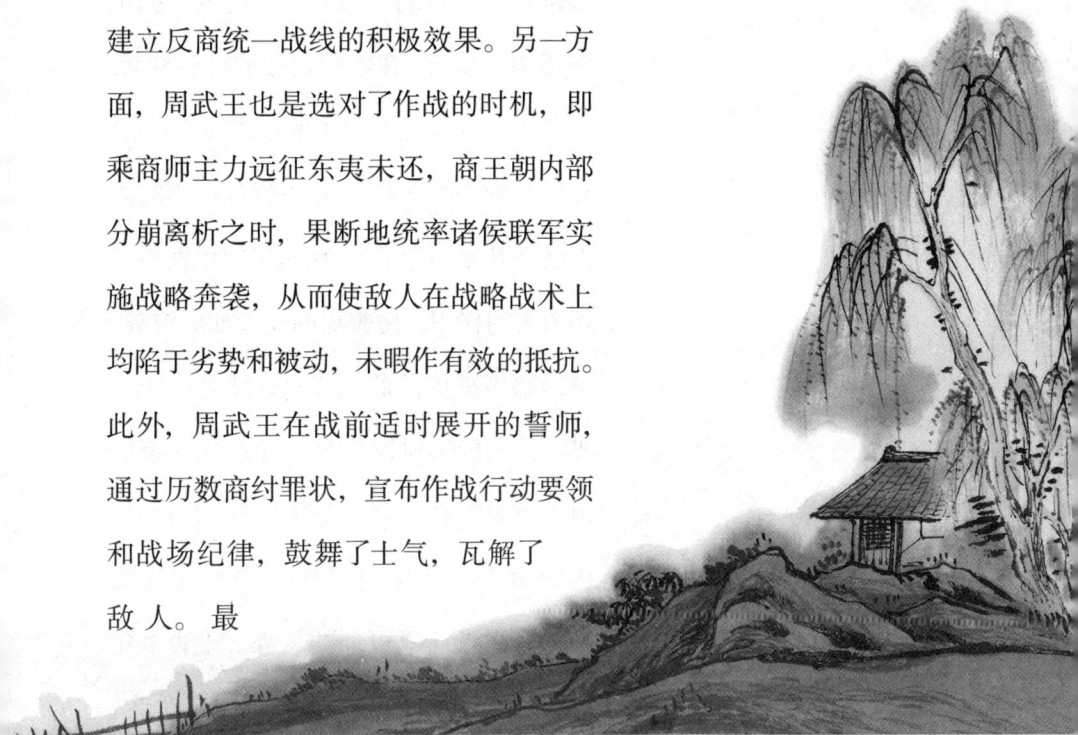

后，也必须看到，牧野决战的作战指挥也十分得当，给敌人以巧妙而猛烈的打击，使之顷刻彻底崩溃；而且，周的武器也是很精良的。当时周人已经掌握了使用剑的技巧（在牧野之战取得胜利后，武工用"轻吕"击刺纣王的尸体,此"轻吕"在古书释为"剑名"。这可以证明当时周人已经开始用剑了），在作战中也发挥了相当大的作用，使骁勇的周人如虎添翼。缺乏盔甲护体的商军步兵自然是血肉横飞。流淌的鲜血像小溪一样汇入昨夜的雨水形成的水洼中，牧野大地一片血红，连死者手中所执的棍棒也漂浮在血水上，交织成一幕可怖的景象。七百多年后的孟子，读到这一幕后忍不住惊呼道：

"用最大的仁义去讨伐不仁义，却为什么会发生血流漂杵的现象呢？"

　　总之，牧野之战是我国古代车战初期的著名战例，它终止了殷商王朝的六百年统治，确立了周王朝对中原地区的统治秩序，为西周礼乐文明的全面兴盛开辟了道路，对后世历史的发展产生了深远的影响。而其所体现的谋略和作战艺术，对古代军事思想的发展也具有不可低估的意义。

六、更迭：商亡周立

（一）商朝灭亡

　　牧野一战后，商军残余的部队抵抗仍然持续了一天，但已无力挽回局面。这一天夕阳西下的时候，纣王在少数卫士的保护下，狼狈万分地逃回了鹿台，这是他前些年在朝歌城外修筑的一座宫殿。往日的繁华已经不再，他的大军已被彻底歼灭，最宠爱的妃子也已经上吊自杀。关于妲己的死，在民间却有另外一种传说：她并没有自杀，她自信她的魅力能够拯救自己。想不到她遇到的对手是已经九十岁而又铁石心肠的周兵团总司令姜子牙，姜子牙下令把她绑赴刑场处斩。可是，她太美丽了，刽子手们都不忍下手。姜子牙只得亲自行刑，可他自己也遇到了同样的困难。最后他下令把苏妲己美丽的面容用布蒙起来，才把她杀掉。

现在的商纣王真的是一个孤家寡人了。斜阳残照下，只见周人的军队从四面八方涌来，把鹿台团团围住。纣王知道，这是他最后的时刻了。他要做得尽量符合王者的尊严。他穿上了缀满玉石的宝衣，

把平时搜罗来的珍宝都堆到身旁，一共围了五层，在身边堆满了祭祀用的燔柴，然后用火把点着了身边的柴禾。火焰渐渐升腾起来，纣王最后望了一眼正沉入地平线以下的夕阳：六百年的大商王朝也随它一同沉没，永不复返。

　　商纣的奴隶倒戈，带领周军杀向朝歌，商军丧失了抵抗能力。武王进入商都朝歌，商都的百姓都在郊外等待着武王。于是武王命令群臣向商都百姓宣告说："上天赐福给你们！"商都人全都拜谢，叩头至地，武王也向他们回拜行礼。于是进入城中，找到纣自焚的地方。武王赶到鹿台的时候，纣王的尸体已经烧得一片焦黑。武王亲自发箭射纣的尸体，射了三箭然后走下战车，又用轻吕宝剑刺击纣尸，用黄色大斧斩下了纣的头，悬挂在大白旗上。又用黄钺割下头颅，登上鹿台用玄钺将妲己和纣王另一嬖妾的头也砍下，将三颗人头悬挂在白旗杆

顶上示众，宣告殷商灭亡。武王做完这些才出城返回军营。另有一百多个商朝的大臣贵族被俘。他们的命运比纣王好不了多少：他们将被带回周京，作为武王祭祖的人牲被杀死。

（二）西周建立

第二天，武王在几个将帅的簇拥下，在商宫中举行了盛大的"受命"的仪式。首先是清除道路，修治祭祀土地的

社坛和商纣的宫室。开始动工时，一百
名壮汉扛着有几条飘带的云罕旗在前面
开道。武王的弟弟叔振铎护卫并摆开了
插着太常旗的仪仗车，周公旦手持大斧，
毕公手持小斧，待卫在武王两旁。散宜
生、太颠、闳夭都手持宝剑护卫着武王。
进了城，武王站在社坛南大部队的左边，
群臣都跟在身后。毛叔郑捧着明月夜取
的露水，卫康叔封辅好了公明草编的席
子，召公奭献上了彩帛，师尚父牵来了供
祭祀用的牲畜。伊佚朗读祝文祝祷说："殷

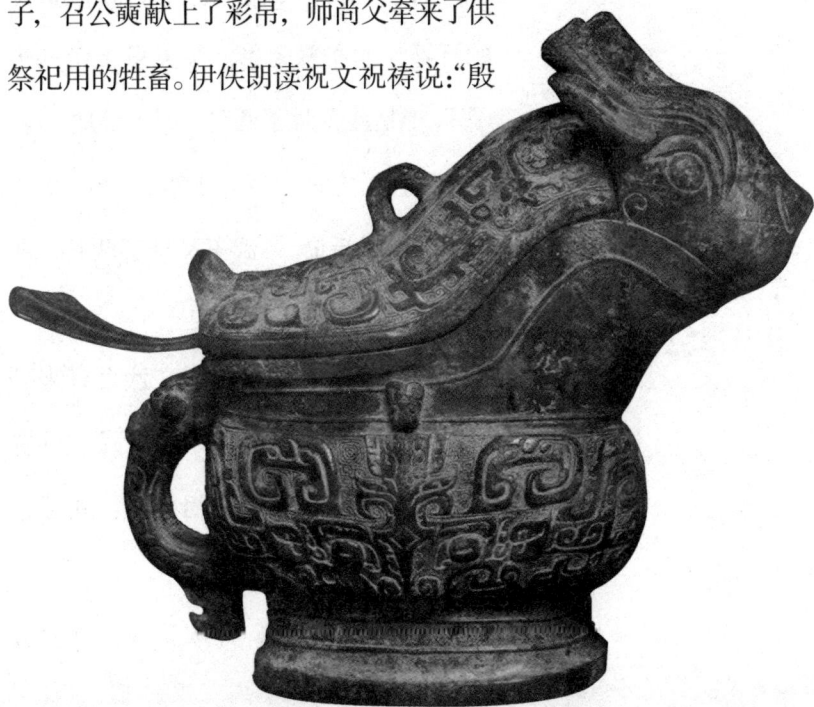

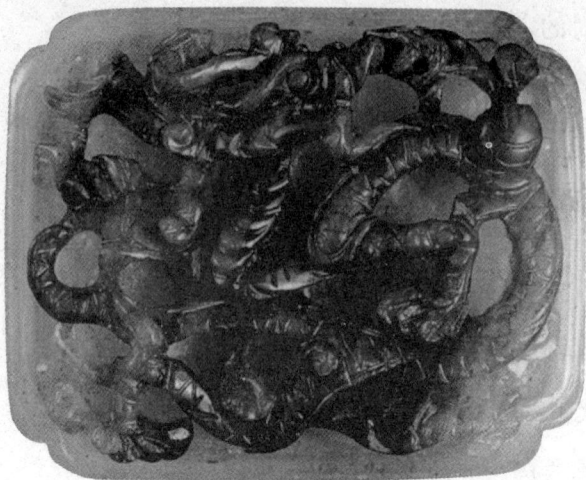

的末代子孙季纣，完全败坏了先王的明德，侮慢鬼神，不进行祭祀，欺凌商邑的百姓，他罪恶昭彰，被天皇上帝知道了。"于是武王拜了两拜，叩头至地，说："承受上天之命，革除殷朝政权，接受上天圣明的旨命。"武王又拜了两拜，叩头至地，然后退出。

周武王率各路诸侯，文武百官来到整修一新的商朝太庙，举行了隆重的登基仪式。在祭祀完商代祖先后，武王正式登上王位，取代殷商。

综观武王伐纣，夺取王权，粗粗看

来乃一战之功，实则不然。从季历与文
丁到姬昌、姬发与纣王之间，围绕至高
无上的王权之争，经历了一个相当漫长
的时期和复杂的过程。起初，季历势力
的扩张，引起了商王文丁的高度警觉，
由此引发的季历被囚、被杀事件，不仅
没能使姬昌的行为有所收敛，反而激发
了他为父报仇，夺取王权的雄心，开始
了他在西岐的苦心经营。姬昌知道，在
"君权神授"观念深入人心的时代，在
众多诸侯国辅弼商王朝的情况下，仅凭
武力是难以成功的。经过仔细分析，姬
昌找到了商纣王的致命弱点，并对症下
药，处处与商纣王分庭抗礼：纣王荒淫
奢靡，姬昌就朴实节俭；纣王严刑峻法，
姬昌就宽政爱民；纣王残害忠良，重用
佞臣，姬昌就礼贤下士、厚招游学；纣
王苛捐赋夺民利，姬昌就与民休养生息。
姬昌这种以德政对暴政的办法，果然收
到了奇效，短短十余年间，西岐就从商

朝为数众多的小诸侯国中脱颖而出，迅速发展成为一个"三分天有其二"的超级大国，在纣王统治下的民众怨声载道的同时，西岐的声望却如日中天。姬发则把他父亲的做法进一步发扬光大。

（三）周初统治

殷都的陷落和商朝的覆亡，只是周人东向发展的初步成功，商朝旧诸侯的土地并不因此便为周人所有，而且许多旧诸侯并不因此就承认武王为新的宗主。因此，攻克商都之后，武王更重要的任务是消灭东方的商朝残余势力。按照事先的方略，联军随即兵分四路，向东南方进发，去征讨商的残部和忠于商的方国。剩下的商军由于后方根据地已经失掉，前方又处于敌对夷人的包围下，实为两面受敌，经过激烈战斗，也大部被击溃。史称周军驱逐商朝大将蜚廉（即后世传说中的黄飞虎）于海滨而杀之，可见战线已经拉长到了东海。当时向武王臣服的共有652国，其中被征服的有99国。这年四月,武王胜利返回国都镐京。

周人还在商人的国土上大肆捕猎,

虎、熊、犀牛、鹿等动物仅在武王名下就被猎杀了一万多头。周人还从商王宫中掠夺了大量的珠宝财物，仅佩玉就达到十八万块。

不到两个月内，主要的战斗已经结束。四月中旬，武王在商都建立祭室，向列祖列宗告捷。祭室的地点就选在牧野，正是这个地方，奠定了周朝今后八百年的大业，也决定了中国以后三千年的历史命运。

然而，此时武王的心，却好像天下还未稳定一样。原因是天下虽然归了周，但是以一个地方百里的小国周，如何去统治一个范围广大的商，又如何管理那些商人和士兵呢？所以，周武王在祭祀殷社后，即在纣宫里分别召见太公、召公和周公，征询他们的意见。太公进去说："这个容易，把纣王宗室大臣和文武百官，统统给杀掉，天下岂不就太平了？"武王说："不可。"召公进来说："投顺的，留他一条性命；不投顺的，就把他杀掉。"武王说："不可"。接着周公进来说："依我的意见，还是让他们各住各宅，各种各田。不分什么周人、殷人，有才干的就给他官做，犯了法的一律惩办。"周公的这番话，倒大大地打动了武王的心。他认为只有这样，才是稳定殷遗民的万全之策，但是武王还是不放心，他跟周公又四处访问了一些殷的贤人、长者，问他们殷何以兴，何以亡；问他们都想些什么。他们都说愿行"盘庚之政"。

于是，武王采纳了周公的怀柔政策，采取了以殷治殷，分而治之的办法，安

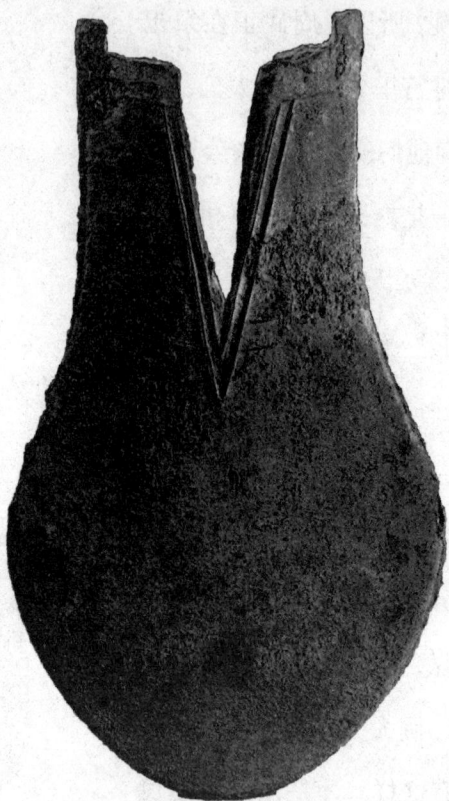

抚殷商遗民。周武王分封纣王的儿子武
庚禄父为殷侯，把殷朝的遗民封给他，
让他继续治理殷民，让商之遗民继续耕
种原有土地，居于旧居，也不改变他们
原有的生活习惯。封管叔、蔡叔、霍叔
于商都周围，建立卫、邶、鄘三个诸侯

国，名义为辅佐武庚，实则是实行武力
监视，称为"三监"。命令召公把箕子从
牢狱里释放出来，又命令毕公释放了被
囚禁的百姓，以褒扬商容的德行；命令
南宫括散发鹿台仓库的钱财，发放钜桥
粮仓的粮食，赈济贫弱的民众；命令南
宫括、史佚展示传国之宝九鼎和殷朝的
宝玉；命令闳夭给比干的墓培土筑坟；
命令主管祭祀的祝官在军中祭奠阵亡将
士的亡灵；又散发供纣王淫乐奢侈之用
的财物、粮食，赈济饥民和贫弱的百姓。
通过采取这些措施，动荡的局面很快安
定了，生产也开始恢复和发展起来。

　　武王做了这些善后的工作以后，诸

侯的军队便陆续撤出朝歌，各自回国去了。武王的军队，簇拥着九鼎，也回镐京去了。路上武王巡视各诸侯国，记录政事，写下了《武成》，宣告灭殷武功已成。又分封诸侯，颁赐宗庙祭器，写下《分殷之器物》，记载了武王的命令和各诸侯得到的赐物。武王怀念古代的圣王，就表彰并赐封神农氏的后代于焦国，赐封黄帝的后代于祝国，赐封尧帝的后代于蓟，赐封舜帝的后代于陈，赐封大禹的后代于杞。

与此同时，为了进一步控制东方，周武王实行了"封邦建国"之制。即以周为中央政权，分封出一系列卫星国，以起到"封建亲戚，以蕃屏周"的作用。

为了吸取商朝灭亡的教训，治理好国家，武王专门把箕子接来镐京，虚心请教安邦治国之道。根据箕子讲述的道理，他同姜太公、周公旦等商议，决定将古时已有但还未完全形成的宗法制度进一步完善和确定下来。即把全国分成若干个侯国，由周天子分封给在灭商大业中作出了贡献的姬姓亲族和有功之臣；各诸侯可以拥兵，但必须随时听从天子调遣，定期向天子纳贡、朝贺；允许封侯世代承袭，并可在封国内分封卿、大夫；天子对诸侯有赏罚予夺之权，对封国中分

封卿、大夫也有权过问。毫无疑问，武王实行的封邦建国方略，相对于商朝那种原始小邦林立的现象来说，显然是一个进步。它确有统天下于一尊的意义，在当时起到了巩固和加强全国统治的作用。

之后，周武王进行大规模的分封功臣谋士，如将吕尚封于齐，周公旦封于鲁，召公奭封于燕，叔鲜封于管，叔度封于蔡。据说，周初总计分封了七十一个诸侯国，其中兄弟之国十五个，同姓之国四十余个。封邦建国的目的，是加强对各地的统治，并作为周王室的屏藩。诸侯再在自己的封地里分封卿大夫，卿大夫又在自己的封地里分封士，这样自上而下统治人民。武王死后，其子姬诵即位，为成王。成王年少，天下初定，

周公旦恐怕诸侯不服，以王叔摄政。管叔、蔡叔不服，与殷纣之子武庚，带领淮夷，发动叛乱。周公毅然率兵东征，平定了叛乱，诛杀了武庚和管叔，放逐了蔡叔，收伏了殷的余民。为了加强对东方的统治，周公奉成王之命负责营建洛邑的工作。洛邑建成后，成王亲自来到洛邑王城，大会天下诸侯和四夷君长，并将跟随武庚叛乱的殷遗民迁进成周，以便控制。周公还制礼作乐，建立了周朝的各项典章制度和礼乐制度，确立了以宗法制度

为中心的政治体制。成王曾亲自讨伐东夷，使东部得以安定。成王死后，即位的康王继承先王的事业，勤于政事，平易近民，刑罚几十年不用，社会更加安定。

通过采取上述措施，周初的政治形势虽仍很严峻，但也得到了暂时的安定，更重要的是它为以后周政权的稳固奠定了初步基础。

武王伐纣分封之后返回镐京，并制订了许多雄心勃勃的安邦治国的计划。史载他忧天下之未定，以至于"自夜不寐"。但是，他未来得及实施这些计划，便于灭商后的第二年因病去世。